Dos bastidores à ribalta
(um diário íntimo?)

Nos bastidores e coxias

atrás das máscaras
no recheio dos figurinos
  há cerrados e espinhos
  há flores nos prados
  há fogo e chuva
  há sopros e uivos

atrás dos reposteiros
dançam, cantam e desfilam
  Brecht e Dante
  Barrault e Nijinsky
  TeKanawa e Toscanini
  Bach e Pixinguinha
que semeiam na ribalta
teatro música e poesia

Maurício Segall

DOS BASTIDORES À RIBALTA
(um diário íntimo?)

ILUMINURAS

Copyright © 2002:
Maurício Segall

Copyright © desta edição:
Editora Iluminuras Ltda.

Capa:
Fê
Estúdio A Garatuja Amarela
sobre *Luz na floresta* (1954), óleo sobre tela [130 x 114 cm], coleção Cláudio Klabin, e (contracapa e marcador) *Floresta crepuscular* (1956), óleo com areia sobre tela [131 x 97,5 cm], coleção Museu Lasar Segall.
Na página 2: *Casal do Mangue* (1929), xilogravura [24 x 18 cm]; na página 128: *Casal do Mangue com persiana I* (1929), xilogravura [26,5 x 20,5 cm], ambas de Lasar Segall, coleção Museu Lasar Segall.

Revisão:
Ariadne Escobar Branco

Composição:
Iluminuras

Impressão e acabamento:
R.R. Donnelley América Latina

ISBN: 85-7321-188-1

2002
EDITORA ILUMINURAS LTDA.
Rua Oscar Freire, 1233 - 01426-001 - São Paulo - SP - Brasil
Tel.: (0xx11)3068-9433 / Fax: (0xx11)3082-5317
iluminur@iluminuras.com.br
www.iluminuras.com.br

ÍNDICE

Nos bastidores e coxias, 1

Um malabarista-*clown* no caos da cidade, 9
Áurea Rampazzo

Pré e pós-faço, 13
Maurício Segall

Janelas e portas, 17
Vilma Arêas

CADERNO DE AMORES, PESOS E MEDIDAS

Pesos e medidas, 19
Luar, 21
Dor, 22
Chance, 23
Camadas, 24
Ausência, 25
Cinzas, 26
Nas praias claras, 27
Claríssima, 28
Unidade, 29
Amar/Amor, 30
Libido, 31
Balança, 32
Mágoa, 33
Outdoor, 34
Óxido, 35
Toques, 36
Telégrafo com fio, 37
Sol maior, 38
Código, 39
Dilema, 40
Pelada, 41
Semeadura, 42
Alforria, 43
Tédio, 44
Enfado, 45
Vácuo, 46
Linguagem poética, 47
Cárceres, 48
Banquete, 49
Fundeadouro, 50
Colchão, 51

Condicional, 52
No avião, 53
Inércia I, 54
Poluição, 55

Solitude, 56
Solo, 57
Medida provisória, 58

CADERNO DE NOTAS, O(A)CASOS E MÁGOAS

No palanque, 59
Revisão, 61
Cordão umbilical, 62
Pós-dicionário, 63
Poética II, 64
Ponto de vista, 65
Estiagem, 66
Rogos, 67
Inércia II, 68
Ícaro, 69
Peneira, 70
Vórtice, 71
Pista dupla, 72
Gravitação, 73
Hipismo, 74
Cegueira I, 75
Cegueira II, 76
Ao deus-dará, 77
Genebra, 78

Museu, 79
Túnel, 80
Evasões e regressos, 81
Rua sem saída, 82
Conversa fiada, 83
Imprevisto, 84
Farda, 85
Ordem do Rio Branco, 86
Auto-retrato, 87
Desequilíbrio, 88
Círculo vicioso, 89
Lar I, 90
Lar II, 91
Nuvens, 92
Sedação, 93
Cosmonauta, 94
Barreiras, 95
Ecologia, 96

CADERNO DE NOTÍCIAS, ACÚMULOS E DILÚVIOS

No acúmulo, 97
Guloseimas, 99
Gilberto Gil, 100
"Temporal arrasa
  Favela da Rocinha", 102
Urbe belezura, 103

Sobrevida, 104
Economia de mercado, 106
Vidas terrenas, 108
A(os) teus, 110a
Revolução, 112
Liturgias, 113

EPÌLOGO

Portas e janelas, 127

Para meus queridos netos, Olivia, Pedro, João, Joaquim, Fernando e Francisco, com a esperança de que possam dançar e cantar felizes no desfile da vida num mundo muito mais ético, harmônico e luminoso que o de hoje.

UM MALABARISTA-*CLOWN* NO CAOS DA CIDADE
*Áurea Rampazzo**

De *Máscaras ou Aprendiz de Feiticeiro*, primeiro livro de poemas de Maurício Segall, publicado em 2000, a este *Dos Bastidores à Ribalta*, percebe-se, pelos títulos, um movimento progressivo, típico do ator no trabalho de encenação teatral: o de apoderar-se em princípio das máscaras da representação, as personagens e, após todo um processo de concepção do espetáculo, atravessar, finalmente, os espaços não-visíveis ao público (bastidores, coxias), adentrar na luminosidade áurica da ribalta e viver esse dia único, epifânico, da estréia. Trata-se, essa passagem da **máscara** à **ribalta**, lembrando a metáfora fluvial de Guimarães Rosa, de uma travessia cujo real não está na saída, no ato de mascarar-se, nem na chegada, à boca de cena, mas no meio, na lição de dispor-se às águas, e vivê-las, a nado, faça caos ou faça calma, dia a dia.

Esse meio, essa transição da **máscara** à **ribalta**, em Maurício Segall, consiste num líquido percurso de aprendizagem, de afinação do ofício de poeta, em que se procura depurar o poema da ganga bruta do lugar-comum, da prosa inóspita, da arritmia.

---

* Orientadora dos cursos e laboratórios de criação literária do Museu Lasar Segall.

Em João Cabral de Melo Neto, por exemplo, depurar a poesia corresponde a uma educação pela pedra, na qual, em poucas lições, aprendem-se a importância da carnadura concreta do substantivo e a economia lingüística que permitem à poesia — livre da poeira pesada de ocos, palhas e ecos — adensar-se compacta e deixar florescer o máximo de sentidos no mínimo de expressão. Educado pela pedra, o poema, segundo Cabral, desnuda-se das plumas, dos penduricalhos da retórica, até o limite de sua forma irredutível: a essência luzidia de uma faca só lâmina.

A pedra pedagógica de João Cabral serve a Maurício Segall, de forma rudimentar, desde *Máscaras*, em certos versos que apontam ser o poema poeira da poesia, e o poeta, porteiro da essência. Em *Máscaras*, porém, explícito livro de acúmulos e de excessos, a nitidez angular de uma poesia essencialista vinha, por vezes, maculada por esses equívocos que juntam no mesmo plano poema e poeira e que reduzem o eu-lírico a um porteiro da causa poética, esquecendo-se de sua descendência alada, legítimo filho de Hermes, voz personificada de deuses que dialogam com os homens, conforme a poética mítica de Aristóteles. Para nós, em pleno século 21, vale ressaltar esse caráter dialógico da poesia, que, sob o pesadume de resíduos e de artifícios, cala-se, mortifica-se, e torna-se, geralmente, um arremedo da pedra de João Cabral de Melo Neto; uma pedra aspérrima, toda impenetrável, de apenas quebrar vidraças.

De *Máscaras* a *Bastidores*, rolaram as pedras de três anos; pouco tempo, com certeza, para a completa maturação poética de Maurício Segall, se pensarmos no infinito da memória em que se funda a poesia, esse fazer que materializa todos os aspectos verbais do verbo ser; esse fazer, ao mesmo tempo, pretérito do que foi, presente do que é e futuro do que será.

Maurício Segall, contudo, soube romper o obstáculo paralisante da pedra, disposta, no meio do caminho, apenas pedra, ao incorporar neste novo livro *as palavras leves* que não poluem o entendimento, como se diz no poema de abertura de seu "Caderno de Amores, Pesos e Medidas". Deixou, sem apaziguar-se, todos os seus contrastes a olho nu, *sob cerrados e espinhos, fogo e chuva, sopros e uivos;* deixou a dança e o desfile dos deuses da arte, de Brecht a Gilberto Gil, semearem, sem rodeios frásicos, sua ribalta; deixou-se fisgar pelo olhar de esguelha, quase atonal, da linguagem poética; deixou-se estar no centro de círculo da poesia não-viciosa; deixou capturar na rede "Notas, O(a)casos e Mágoas", no segundo caderno de seu *Bastidores*, sem tergiversar nos excessos da sentimentalidade; deixou-se decorar com a ordem do Rio Branco, sem perder de vista as galáxias da miséria brasileira; deixou, no "Caderno de Notícias, Acúmulos e Dilúvios", contaminar-se, ainda, mais pelo logos do que pela *poieses*; Maurício Segall deixou, enfim, de ser aprendiz de feiticeiro para, sem recheio de figurinos, tornar-se um malabarista.

Um malabarista, um *clown*, não um simples palhaço-acrobata, cuja comicidade, na pantomima ou no circo, vem das roupas e da maquiagem coloridíssimos e das bufonarias que alimentam as mais ruidosas gargalhadas da platéia. Um *clown*, essencialmente, em sua sanguínea contradição: do corpo humano metido em lantejoulas brilhantes; de um tombo depois de certa acrobacia impossível às leis da gravidade; da síntese que vem depois de muito acúmulo. Um *clown*, na busca quase irreconciliável entre a harmonia da forma e a desarmonia do conteúdo; entre o ser e o estar poeticamente no mundo; entre o grito de revolta, boca a fora, e o silêncio férreo da dificuldade de verter esse mesmo grito de garganta no papel do poema. Um malabarista-*clown* por fim, na visão crítica de quem vê o mundo convalescente na sua engrenagem de erros, mas possível, ainda, de revelar o sentido poético da vida.

Seja bem-vindo, Maurício Segall, antes de a cortina subir e

desfraldar a platéia, a este palco em que vão desdobrar-se seus cadernos de lágrimas, cinzas, atritos, amores, museus, prisões, banquetes, desgraças sociais, alçapões, vilas marianas ou ruas sem saída; a este palco, terceira margem do rio de todos nós, seja, Maurício Segall, muitíssimo bem-vindo.

PRÉ E PÓS-FAÇO

Maurício Segall

Como explicar o impulso de publicar poemas — que por sua vez brotam de forma misteriosa... dentro de você mesmo. Vaidade, presunção, a angústia da procura de contexto... fora de você mesmo, preocupação com a transparência do que vem de dentro para um mundo que, arrogantemente, você crê ávido das transcendências dos teus poemas. Falta de humildade, querer ser foco de admiração, necessidade de despontar na multidão? Sem dúvida! Mas impulso irresistível da vontade subconsciente de deixar tua marca intelectual sensível, por pequena ou equivocada que seja, na história de nossos dias. Em suma, fazer poesia, não como um ato de autoterapia, de serventia só para você mesmo, mas como um ato de interação humana. Através de nossos mecanismos psicológicos, entre os quais o da racionalização, é fácil e cômodo satisfazer-se a si mesmo mas, para alcançar os outros, é necessário ser bom naquilo que se faz.

Meu primeiro livro *Máscaras* me deixou parcialmente insatisfeito. No meio de um acúmulo demasiado, da presença desequilibrada do viez racional, insuficiência de imagens e certo predomínio do "descritivo"e "adjetivo", de uma irregularidade na forma e no conteúdo, faltava algo... ou muito mais. A única real justificativa para a sua publicação foi, presunçosamente, a de que se tratava de um universo poético específico, diferenciado, no panorama da poesia brasileira, com a presença, sem dúvida, de um bom número de poemas de boa qualidade. Convenci-me na época, mas hoje tenho dúvidas se isto era o suficiente para justificar sua publicação. Do mesmo tipo das que ainda sobrevivem, em menor grau, é verdade, mesmo face ao diagnóstico formulado por amigos, de que o presente livro avançou, de que teria mais consistência e mais nível, em relação à *Máscaras*. Persistem ainda, porém, no presente livro, alguns casos de "acúmulos" e "descrições", que beiram, por vezes, ao descritivo da prosa poética, porque foi esta forma semi-poética a possível nestes casos, dentro das minhas limitações, para expressar algo que eu necessitava "pôr para fora". A diferença, com relação à *Máscaras*, é que agora se tratou de uma escolha consciente e assumida e que os "poemas" em questão foram segregados num caderno específico de adendos que reúne apenas cerca de 10% do total de poemas do presente *Bastidores*. A palavra final fica com os leitores.

Seja como for... reincido... ponho as barbas de molho, jogo para escanteio as dúvidas e me aventuro, juntamente com meu corajoso editor, a quem reitero meus agradecimentos pela teimosia de sua confiança na minha criatividade neste novo livro, livro bastante doído, diga-se de passagem, pois poderia, eventualmente, ser caracterizado como um "diário íntimo" poético. A dor de uma procura aprofundada no meu "eu", necessária, talvez, para uma criação artística transcendental.

Mas não basta que seja doído só para mim. É necessário que o "doído" migre, por mil caminhos e trilhas, para o "outro". Que migre dos bastidores para a ribalta. Se esta "migração" funcionar neste livro, nem que seja em parte, fico mais tranqüilo e menos culpado pelo risco de poder ter sido de novo, simplesmente, mais um sabido, expectorando o que é só "eu", e assim caceteando os demais. Creio que, em parte, consegui avançar um pouco por começar a aprender a explorar melhor a síntese metafórica no uso das palavras através do imagético, em detrimento da "descrição"e da "impressão", ou seja, acho que melhorou minha expressão poética. Se as imagens são felizes e inspiradas ou não, é outra coisa, e cabe aos outros julgar. Se o julgamento for positivo, talvez eu me sinta animado a continuar a poetar.

E agora, portanto, como acontece em cada final de tarefa, a eterna questão é o "pós-faço". Seja lá o que for, espero poder voltar a contar com a generosa dedicação e talento dos que me auxiliaram mais uma vez a tentar colocar em ordem este meu universo criativo interno desordenado. Obrigado a meu re-editor e amigo Samuel Leon, pelos seus comentários sempre pertinentes e respeitosos, e muitos deles adotados por mim, agradecimentos estes extensivos aos demais integrantes da equipe da Editora Iluminuras, capitaneados por Beatriz Costa e, obrigado, Maria Pierina Ferreira de Camargo, pela organização e sistematização do meu arquivo de poemas o que facilitou muito a confecção final do livro. Meus agradecimentos ao poeta Alberto Martins, vulgo Betito, pela seriedade e dedicação com a qual atendeu a minha solicitação de um texto para a orelha deste livro, e que resultou tão belamente elogioso, sem falar na sua contribuição para a sua "faxina", seja na escolha de títulos para alguns poemas do livro como na sugestão de "aposentar" alguns deles e que foram engrossar a lista daqueles que eu, por conta própria, já tinha aposentado.Finalmente, mas muito especialmente, muito obrigado a Áurea Duarte Rampazzo, minha revisora criativa, severa e extremamente competente, pela honestidade e sinceridade crítica, mas enfaticamente dedicada, das generosas e poéticas palavras na apresentação do livro. Sem ela, talvez, este livro não teria visto a luz do dia. Foi a sábia cirurgia (sem anestesia) de seus comentários e contribuições, a cujos tormentos aprendi a superar, que deu a ele uma possível credibilidade.

Coleção de poemas que, em boa parte, falam da relação com o universo feminino, tão rico e essencial para minha oxigenação e inspiração, personificado nas musas de muitos dos meus poemas no correr dos anos. Quem seria eu sem seu constante apoio, presença, estímulo, paciência e tolerância, sobretuto de minhas muito afetivas amigas de sempre, Tessy, Sylvia, Diana e da minha atual querida companheira Clarissa.

Mas não posso ignorar que grande parcela da minha inspiração ainda vem do negativo — vem de um mundo torto, de um mundo sofrido, da constataão das injustiças e crueldades, que fazem parte do dia a dia da esmagadora maioria dos seres humanos e das quais fui, juntamente com uma minoria de privilegiados, poupado pelo destino. Gostaria de crer que minha poesia reflita também este universo. Eu daria tudo para que, ao lado deste e de meus outros livros, eu pudesse contribuir, nem que fosse com um grão de areia, também na melhoria material do destino da maioria de miseráveis deste mundo. Mas, como marxista que creio ser, estou convencido que só o acúmulo da conscientização desta maioria dos explorados, marginalizados e excluídos no processo histórico, talvez possa influir no futuro, construindo uma sociedade justa e eqüitativa, dentro dos limites que a visão dialética e materialista da história impõe. Minha maior aspiração é de que, talvez, meus escritos possam somar, nem que seja com uma mera gota de mel ou, por que não, de uma estimulante pitada de "rapé", neste processo, pois tenho plena certeza de que na transcendência da arte, que anseio que meus poemas reflitam, nem que seja um pouquinho, reside uma das parcelas essenciais para o processo de conscientização do ser humano.

Janelas e portas
portas são portas
portas não são janelas
portas não são tão importantes como janelas
janelas abertas e portas abertas
janelas abertas não são o mesmo que portas abertas
portas fechadas e janelas fechadas
janelas fechadas são mais terríveis que portas fechadas
portas não são janelas
portas são portas
janelas e portas
abertas e fechadas
vivas e mortas.

Poema de Vilma Arêas resumindo poeticamente uma intervenção verbal minha em debate realizado no Museu Lasar Segall aos 22 de setembro de 2001.

CADERNO DE AMORES, PESOS E MEDIDAS

O vácuo das palavras com asas
soltas ao vento

pode pesar mil quilos
poluir o entendimento

antes as palavras leves
com os pés fincados na terra

ao pé da serra.

LUAR

Alô, halo da lua,
        pálido, gélido,
por que o fascínio?

DOR

Qual o som das lágrimas
e o sabor do uivo?

CHANCE
(com agradecimentos a Osvaldo pela sugestão)

Com claridade
           nas trevas
vislumbro lampejos
           no caos que me cega

CAMADAS

Toco absorto
teu corpo
que é meu conforto

repouso neste colchão e manta
flocos de algodão
e velos de neve

acervo de lágrimas
sorrisos e risadas
do percurso vivido

por que não acolhes
o tesouro acumulado
e te afirmas feminina?

AUSÊNCIA

Chuvisco de lágrimas
garoa de suspiros

na costura da perda
o tecido desmancha

alfinetadas na dormência dos dedos
perdi o dedal

CINZAS

Quero tanto
você
mas soçobro
no sorvedouro
de sentimentos
e desencontros.

Você
acinzenta as pinceladas
e o pulsar das minhas veias
ainda em vida.

NAS PRAIAS CLARAS
do Nordeste

as pegadas da nudez de nossos pés
           no deserto de areias

    os coqueirais de um lado
    as águas verdes do outro
    entre o vento nas dunas
    e a bruma das ondas

    o silvo das rolinhas rolando nos cocos
    o apito das gaivotas flechando o mar
    o suor na redoma sem nuvens
    o refresco do batuque das vagas

                neste vasto silêncio cósmico
                          do marulhar

o magnetismo das nossas mãos dadas
              basta-se em si mesmo

CLARÍSSIMA

As perdas pouparam
        do tempo
                o corpo adolescente

a alva consistência
        da pele
                livre dos atritos

molda curvas e volumes
        em mar
                de ondas em calmaria

a ressaca de sofrimentos
        sem lágrimas
                marcou a face

o sorriso...

os afagos e o riso
        nos traços
                restabelecem a alegria do possível

UNIDADE

Plenitude
amor
oxigênio *in natura*

Mistério
meia-noite na caverna
do fundo da floresta
Uivo-imã
quando sylva a loba primitiva

Paixão
funde o pêndulo do tempo
quando tudo se explicita em sexo
palavras
perdem o texto e o nexo

Amor/paixão
vulcão e lareira
Completitude

> *"...o amor é uma companhia.*
> *Já não sei andar só pelos caminhos,*
> *porque já não posso andar só..."*
> Fernando Pessoa

AMAR/AMOR

É um fato, um ato ou ato-falho?
É cárcere, quimera, alforria
    ou surfista no ultra-leve?

Todos parecem amar
    nas tempestades ou nas calmarias
        na nau da vida
        pele à deriva

O mito cria imagens de impacto
    só decifráveis pela poesia
        "Flechar o coração"
        Cupido perecível.

LIBIDO

se ainda na espreita

invente a chave
que azeite a porta
                acanhada

se apenas sobrevive
                na memória

povoe a meiguice
                com afagos

BALANÇA

Pendulo entre

o amor
a paixão
a desgraça humana

mas a hora certa nunca chega:
não consigo escutar os sinos

MÁGOA

A mancha da gota
espalha-se no tecido da manga
não há detergente que limpe
a maré da manhã não a oblitera

no quadro-negro
palavras e gestos
em giz branco
não coagulam

OUTDOOR

Na madrugada
    tateio no escuro
    tropeço nos restos do dia
    chinelos roupas sapatos
        [cadarços ainda amarrados]

O perfume dos teus lábios
ainda resta em estilhaços

Durante a manhã
    nas horas que se arrastam
    procuro o torno
    que consiga imprimir o amor
    sabor amora do retorno
    e afixá-lo no outdoor da minha casa

ÓXIDO

Tenho ciúme do teu universo
que não é minha residência

tenho inveja do espelho
que te desperta todo dia

tenho ciúme
        como ignorar esta ferrugem?

TOQUES

Na escuridão
da sala de cinema
as mãos dialogam
dedos planam nas palmas
unhas percorrem redemoinhos
entendem-se em esperanto
a sessão é curta

TELÉGRAFO COM FIO

Surdas ao burburinho
do restaurante,
entre copos, talheres e pratos,
as mãos engatinham
na superfície da toalha
fitam-se e acariciam
dos dedos à face
tocam palavras separadas
pela muralha
da mesa posta.

SOL MAIOR

No calor da lua cheia ou vazia
minguante ou crescente
mesmo em dia de chuva

no calor da lua quente ou fria
espelho do sol
ou sombra do mundo

dedos tímidos alçam o véu diáfano
que protege do toque
os prados de penugem

mãos trêmulas cobrem
os cumes, as conchas, os picos
causam tremores e gemidos

compondo uma sinfonia em Sol Maior

CÓDIGO

Sem a chave da impostação da voz
as juras de amor e de sangue
permanecem trancadas no cofre;
"meu bem, te quero, te amo"
são grego ou sânscrito.

DILEMA

Miro o umbigo
        indago
umbilical ou intestino?

              Eu contigo ou comigo?

Com o olhar
        vago
entre o universo e o espelho
sigo no labirinto
que não domino.

              Eu lá fora ou cá dentro?

E o cordão que ata este poema,
        é embigo?

PELADA

A vida pode ser insípida
mas existem redondas
com curvas e fofuras
que marcam gols
de testa
de coração
de bicicleta

mas, cautela
bola na trave
é infesta

SEMEADURA

Com gestos amplos e saia esvoaçante
ela deita sementes no leito da terra.

Tambem já lavrei amor e palavras.
Por que nem sempre germinaram?

Talvez a infertilidade do solo
ou a idade dos germes
a neve ou estiagem
as chuvas ou granizos do verão.

Só sei que
estou molhado e com frio.

ALFORRIA
[dois hai kais]

Gosto que menrosco
como desatar o nó
bloqueio da mente

com o fim da gula
renascer da alvorada
fuga da masmorra

TÉDIO

nada é tudo
tudo é médio
chegar é nada
o tempo é lesma

o sol do meio-dia
é cinza

a lua da meia-noite
é nova

e o fastio não desaparece

na penumbra
não distingo tonalidades

não há espaço para poesia

ENFADO

Tropeço no vácuo
           de horizontes
sonâmbulo desperto
           na babel
calmaria que nausea
           em jejum

a estátua se move...
           só de banda

    algemas do fastio

VÁCUO

Vago
    pelo apartamento
          vago
    vasculho
        gavetas e vasos
    só
    não   encontro fantasmas
    nem

LINGUAGEM POÉTICA

Certos vocábulos só contêm
                música
                 atonal
                   dodecafônica
mas como pode ser melodioso
              o olhar
                de soslaio
                de esguelha

CÁRCERES

Numa tarde
      há trinta anos
sozinho comigo mesmo
olhando quadrado pelas grades da cela
toquei na vitrola ranheta
      o adágio de Albinoni
como homem que era
      chorei, solucei
pelo azul do céu além da vista
pelo horizonte do mar que não alcançava.

Trinta anos depois
      ontem à noite
sozinho com meus sonhos
olhando redondo pela janela da sala
toquei no toca-disco porreta
      o adágio de Albinoni
como homem que sou
      chorei, solucei
pelo cinza das nuvens logo ali na esquina
pelas portas cerradas do coração.

BANQUETE

Galhos e folhas secas
juncam o chão
danço com os estalidos do outono
mas falta melodia neste bucolismo

o vento amaina
o trigal onduleia
passo a mão
na sinfonia dos teus cabelos
me sacio
como se fosse pão

FUNDEADOURO

Álbuns que preservam
conhecidos portos
abrigam memória

ancore o veleiro
em nascente poita
no antigo porto

COLCHÃO

Estou a prumo
vislumbro o musgo
na rocha fêmea
terra

no lusco-fusco
repouso meu corpo
neste coxim
pedra

CONDICIONAL

Deveria ser fácil

deixar o fogo virar lava
a chuva irrigar prados
o vento dobrar copas
a neve esconder a terra

Deveria...

mas o coração trilha
encruzilhadas.

Não adianta ter pressa em levar
                    a água ao pote.

NO AVIÃO

Pela fresta
das poltronas reclinadas
          à minha frente
dois corpos colados
cabeças emaranhadas
          a 45 graus
além de mim
dos jornais
da minha pouca bagagem
vislumbro
o contraponto da solidão

INÉRCIA I

Na penumbra da sala
imerso
nos livros que não li
nos discos que não ouvi
nos filmes que não revi
nas memórias que perdi
nas cachaças que bebi
submerso
engulo em seco
e soçobro

POLUIÇÃO

Só em multidão
vago
vassalo da pele

o peso oblitera o leve
o adágio lanceta o coração

esta lava
emerge pelos poros
impregna o ar que respiro
asfixia-me

despovoa mais a solidão

SOLITUDE

Ficar só!
Adágio de uma nota em dó!
Virar pó!

SOLO

Sozinho no berço de ouro
insone na madrugada
silêncio de concreto armado
ruídos só das entranhas
meu outro em alvoroço
diálogos de cabra-cega
bailando em roda-viva

solidão em estado puro

MEDIDA PROVISÓRIA

Parágrafo único — A legislação veda a exumação do amor. O espírito da lei é claro: pretende excluir a dor.

CADERNO DE NOTAS, O(A)CASOS E MÁGOAS

No palanque
do que parlas
ventríloquo da morte?
Seja explícito!

REVISÃO

Cortar poema
cirurgia
sem anestésico

CORDÃO UMBILICAL

Até em partos naturais
alguns versos nascem
              natimortos
e pendem
              fora de prumo
do outro lado do espelho
                    ocos

PÓS-DICIONÁRIO

Palavras nos cruzamentos
vocábulos nas quebradas dos hífens
neste léxico disléxico
proliferam fragmentos
para um pós-dicionário
         alfa-beta

POÉTICA II

O tempo do verso
é diverso do real?

A poética sobrevive
no concreto?

Para viver
carece ser poeta?

PONTO DE VISTA

A Ferreira Gullar

Transcendência
   só na horizontal

   na vertical
nada há
   no além das nuvens

a não ser
   o vácuo dos astros

ESTIAGEM

sem regar
    o ano que passa
murcha

ROGOS

Abertas as torneiras do céu
        jorros de torrentes
                no juízo final das enchentes
      mortes na seca
             de sete crianças sedentas
na missa de sétimo dia
        é tarde para invocar São Pedro
                e revogar o que foi rogado
                          e concedido

INÉRCIA II

Sou grão
    branco preto
    rubro ou verde
        pouco importa
rolo
    ladeira acima
        ao sabor do vento
    ladeira abaixo
        por força do peso
sem ladeira
    permaneço

ÍCARO

Bateu asas e voou
nasci sem asas
caí

PENEIRA

A tormenta alimenta a torrente
nuvens e chuva obliteram
estrelas, sol e lua

terremotos e tufões
turvam a vista
atolam os pés

lobos uivam
o alarido
ensurdece a cegueira

na encenação
do Juízo Final
      sou grão de poeira

VÓRTICE

Sou rolha
        à deriva,
nas ondulações do rio
no espelho do lago
na muralha do dique
no redemoinho da corrente

talvez um dia afunde
no útero das águas

PISTA DUPLA

A Manoel de Oliveira

Imóvel
   a cem quilômetros por hora
acompanho
   pelo retrovisor
a velocidade da estrada
em direção ao horizonte
              de ontem
              de antanhos
  em ruínas

GRAVITAÇÃO

Sozinho
    mas não solitário
asas no espaço
    Yuri Gagarin
        só com sua parafernália
chinelos em casa
    chá na cozinha
    melodia
    vídeo e pergaminho
do quarto à sala
    minha atmosfera
os pés
    passo a passo
    bicho preguiça
        um cansaço...
        um cansaço...
o tempo é lesma

HIPISMO

O tempo ultrapassa o trote
                        a galope
o marchador na trilha
                        arrasta-se
como lidar
com um horizonte que se afasta
e o mata-burro que se aproxima?

CEGUEIRA I

Quero enxergar
além da vista nublada pelas lentes
e mal vislumbro o horizonte

por inércia
a areia sopra
e os cílios
e as pálpebras
não resistem

esta miopia não tem cura

CEGUEIRA II

Na angústia do branco
                fora
só me resta olhar para o preto
                dentro
exploro minha mente
à procura da palheta de cores.

Nos cumes e nas cavernas
a neve as pedras acumulam-se
o abismo é por demais profundo
vejo nada além do nada
alpinistas e espeleólogos
não conseguem dilatar minhas córneas.

Para onde dirigir meu estrabismo e miopia?

O oftalmologista receita olhar
meus pés sobre a terra
mas choveu

e o solo é lama.

AO DEUS-DARÁ

Sou quebra-galho
tergiverso
sou pedra no atalho
artelhos em frangalhos
falta-me telha
sobra-me alçapão

GENEBRA

A manta cobre
    as almas
        do Monte Alvo
            dos Alpes
baixa sobre o verde
    das margens
        do lago onde desponta
            a ponta do ilhote
ribalta para Lenin
    e tantos outros
        que sofriam a tranqüilidade
            mas planejaram a virada

MUSEU

Moro num casulo
o empuxo é nulo
tudo parece plúmbeo

                osso duro de roer

absorto no oposto
tenho sono, sonho
pesadelo soturno

sou centro de círculo
raio minguante de fronteiras
dialogo sozinho

                museu de mim mesmo

TÚNEL

Acordo
no meu quarto
quero levantar do charco na colcha
                       do sal na fronha
                mas sou de quartzo e chumbo
cego para a tela que me cega
olho pela vidraça de tijolos
procuro escapar pelo alçapão
                      que não encontro
rastejo pela tomada
tateio no telefone
                 enrosco-me no fio
está ocupado ou não atende
                 goles em golfadas
                   do gargalo
não vislumbro rota de fuga
                 para a claridade

EVASÕES E REGRESSOS

São Paulo do Maurício
    o caos da cidade que me resta
                afugenta!

Na ida
    planeio nas nuvens
    para a procura

    porque flutuo no vácuo?

Na volta
    aperto o cinto de segurança
    cerro os olhos

    vôo para a esperança.

Vila Mariana de Maurício
    o canto da cidade que me resta
                acolhe?

RUA SEM SAÍDA

Estou perdido
num beco
que não é avenida

os cotovelos esfolam-se
nas paredes
que são muros

perdi meu celular
não encontro botões
de campainha

anoitece
não há lampiões
para iluminar minha viela

CONVERSA FIADA

Em dia sem brisa
empinar palavras
com muitas cores
esvazia o tempo.

A quem apelar?

Ao moleque que rodopia pião
ao oleiro que veda furos com argamassa
ao analista que desvenda sonhos
ou a Ulisses que ensina a tampar ouvidos?

IMPREVISTO

Capturar na rede
    um clima
        que por sorte pinta
antes que a memória desapareça
              pelos poros
importa libertar
    o reposteiro que oculta o palco
    e expô-lo ao imprevisível do espetáculo

        que pode ser paraíso
        ou inferno

FARDA

O garbo do vestuário
    farta-se de etiqueta
        no terno e gravata
        na maquiagem
        no pince-nez
no espelho
    o figurino
        não reveste
        não desnuda
        não revela

Por que o êxtase?

ORDEM DO RIO BRANCO

A comenda
espeto na lapela
penduricalho no pescoço

mais uma estrela
na galáxia da miséria brasileira

decora o pavão
que não consegue
exibir a plumagem

mas a comenda
e seus comensais
continuam na moda

AUTO-RETRATO

Ao espelho
    sobretudo
rosto
    pejo e estorvo
corpo
    fulo e chulo
restam as caretas
    surdas-mudas
em ludoterapia

DESEQUILÍBRIO

Pés alados
pés de chumbo
pés de valsa
pés toscos
      lanhados
tocos todos
      no lodo
mal dá pra ficar
      de
          pé
     em

CÍRCULO VICIOSO

Rodo a manivela
dou corda na vitrola

gira o disco
ruído e melodia

noite após noite
dia após dia

almoço e jantar
sol e lua

como é árduo
silenciar os ruídos
        da rotina

LAR I

Na minha sala
os lustres escuros
as cadeiras rudes
as paredes mudas
nenhuma prateleira cantarola
                 para mim

As trincas do assoalho e do teto
filtram alguns gemidos
                 é tudo!
Estou estranho
ou apenas estranho
                 este refúgio?

LAR II

Ratos no porão
borboletas no sótão

fumo no porão
masturbação no sótão

lixo no porão
sonho no sótão

masmorra no porão
asa delta no sótão

casa sem escada
nos andares nada

foi nesta morada
nos "rapels" e escaladas
de tobogã e pau-de-sebo
que pés e testa
finalmente se cruzaram
                    e colidiram

NUVENS

Dois violinos tocam Bach
em ré menor
       bailo com os cúmulos
       planeio nos estratos
       fantasio sobre os nimbos
       não me contenho
       na alegria dos cúmulos-nimbos

              sou elevado pelos ventos
       que se realimentam
       que me realimentam.

os olhos chovem
escorrego no tapete
desligo a vitrola
e vou dormir.

SEDAÇÃO

Baixa o véu
no campo
    veda

o lusco-fusco
no fundo do olho
        ofusca

no antepasto do adormecer
ecoam silvos e coaxos
            o regato flui

COSMONAUTA

Vôo à velocidade de um meteoro
com céu claro e sem vento
suspenso nas nuvens
onde o condor não alcança

a vista gruda-se na janela
do albatroz que plana
a imobilidade é total
e a gravidade tende a zero.

Peço um drinque à comissária.

Não é preciso morrer
para fazer turismo na estratosfera

BARREIRAS

Vazio
na insônia

carência
no vácuo

abismo
no trajeto

ECOLOGIA

O peixe flutua
nas borbulhas de óleo
    um olho fechado
    outro esbugalhado
perscruta o cozinheiro
e parece indagar
    "e você, algoz glutão
    é ecologista?"
"Não, sou apenas ambientalista!"

CADERNO DE NOTÍCIAS, ACÚMULOS E DILÚVIOS

*No acúmulo
uma gota d'água
é o dilúvio.*

GULOSEIMAS

Tacacá no Amapá
tambaquí no Tocantins
castanha do Pará
pirarucú em Manaus
pitú no jerimum
vatapá de Belém
pato no tucupi
carne seca no urucum
banana da terra em purê
cupuaçú e assaí
jambo do Solimões
ao Tapajós a Marajó

        haja beiços!

GILBERTO GIL

Cavoucar na terra
explorar raízes e ritmos
âncoras da nossa história

cavoucar a terra
montado nos barris de cachaça
no tórrido dos trópicos

cavoucar a terra
em requebrado dolente
serpenteando em todas as cores

Gilberto a mil
que planta bananeira
joga capoeira
ginga o quadril
de chapéu de couro
de frente
ao sul
ao leste
de perfil

Gil
buril de ritmos
de notas
esmeril de bumbos e trovões
flautas e forrós

Gilberto de portas abertas
aos batuques
sanfonas
e pagodes

Gil
pândego em violas e pandeiros
violões e vozes
Gilberto
quase mote, tamboril

Gil
Gilberto do meu Brasil

"TEMPORAL ARRASA FAVELA DA ROCINHA"

A rocha tamanho família
rolou morro abaixo
levando de roldão
        barracos de pau e zinco
        um feto em gestação
        três infantes com suas pipas
        dois idosos sem pensão
        lavadeiras a seco
        cachaceiros de plantão

os bombeiros foram chamados
mas não era incêndio
a ocorrência foi arquivada
como "força do destino"

as fotos dos focas
foram premiadas
no último salão.

URBE BELEZURA

Agora pretende-se curar
    as úlceras da pintura
a urina que flui nas sarjetas
os monturos de merda nas esquinas

      pus, pus, pus,

postula nossa urticária urbana
infantes nus poluem as ruas
    pústulas mudas

      urro, urro, urro,

puto com a putaria
dos recém-curandeiros surdos
como lunático imploro
    que a lua nova
ilumine esta urdidura imunda

      luz, luz, luz,

neste escuro que nunca finda.

SOBREVIDA
de heróis e suas montadas
*(saudades dos pescadores do Nordeste
e de suas jangadas de tora de madeira)*

As toras sobreviventes
        lufadas na vela içada
gingam no bailado
do amado mar morto
de Sauípe e Imbassay
a altivez do jangadeiro
no picadeiro das águas
desafia o ribombar das ondas
tocadas a pé de vento
        tragado pelas profundas do mar
        o pescador repousa
        no seu último "mocó"*,

                é amargo afogar no verde do mar,

    seu sustento vaga
    agora vago
    ao sabor das rajadas
    na calma das vagas

---

* "mocó", gíria de presidiário para catre.

na orla
mãos na aba
horas a fio
cai m(my)(ei)a noite
até levantar a alvorada

      "e a jangada voltou só"

a praia pranteia areia

para os jangadeiros sobreviventes;
                renasce dia com nuvens

ECONOMIA DE MERCADO
(Após a leitura de *O horror econômico*,
de Viviane Forrester, Unesp,1977.)

Quanto despejo, excrescência, imundície
                      São Paulo gera

caçambas são casulos de lixeiras
      separadas por cor de entulho
           nos restos de cada dia
                  encartáveis na economia de mercado

destaque para as latas
      de alumínio cor de nada
           com os desperdícios da inclusão
                descartáveis no mercado da economia

em cada sinal vermelho, favela, sargeta,
      aglomerada por tipo de bagulho
           vive esbulhada a ralé da exclusão
                descartável na economia de mercado

destaque para a escória
    de catadores garis e urubus voluntários
        do lixo no varejo e no atacado
            os encartáveis na limpeza gratuita da cidade

horror da ignomínia
    no mercado da economia

VIDAS TERRENAS
"Gracias a la vida que me ha dado tanto"
Violeta Parra

Divindades todo-poderosas
"gracias" pelas graças não recebidas

no pastoreio das coletas
no sacerdócio dos dízimos
no balcão das oferendas
   obrigadas
   ex-votos na eleição das ilusões
   promessas no abstrato
   caricaturas no concreto
      no limite
      falanges decepadas
      olhos arrancados
      órgãos castrados
   artigos descartáveis no mercado

  graças concedidas
    menu fornido de extermínios
    torturas "à la carte"
    fogueiras de gente como a gente
    fornos para gentes diferentes
    excitantes do sado-masoquismo
    exaurir da água per capita

proliferação de vírus per corpo
sinal verde para o sofrimento
sinal vermelho para a felicidade
            ocaso no horizonte

deidades no varejo e no atacado
ícones da idolatria
que paraíso seria o trânsito
            sem vosso apito

"rabias" pelas colisões anunciadas

A(os) TEUS

deuses meus,
   "graças a deus"
      por quê?

O amor e ódio
carícias e torturas
júbilo ou desespero
fome ou fartura
pelas dores
pelas cores?

"graças a deus"
      do quê?

As imundícies da moeda
a abundância da mesa posta?

"graças a deus"
      pelo quê?

pelo pecado original
ou os pecadilhos diários
pela Síndrome de Down
e os ritos de passagem
campos minados

nos prados flores
valas comuns
para corpos cremados
ou camas encharcadas
pelos êxtases da carne?

No vai-e-vem da natureza
não carecem deuses
bastam ídolos de gesso
e altares dourados
na terra de ninguém
entre o espírito e o sobre-humano
que enfeitem o inexplicado
negociem o dia-a-dia
consolem no derradeiro leito
o cinza do infinito
e o pavor da finitude
alimentando a usina dos "mistérios".

Cantemos loas
à vida e à morte
siamesas germinadas
no buraco negro
que deságuam juntas
na necrofilia dos vermes

graças a nós mesmos
que somos o que somos

deuses seus,
        adeus... "ad eternum"

REVOLUÇÃO

Ao som de gaitas de fole
embuçados na candura de infantes
capitalistas de todos os moldes
do latifundiário ao financista
donos do "know-how" da morte
avançam como nuvens de gafanhotos
sobre os campos onde vivem e morrem
só visíveis ao telescópio
bilhões de vermes descartáveis
com fôlego curto e pele torpe.

Como furar as bolhas da sorte
da perfídia e da iniqüidade da corte
é o desafio para a sobrevida
de cada flor de giesta*
vislumbrada ao microscópio.

---

* Flor encontrada nas encostas do Vesúvio e que resiste até às lavas dos vulcões.

LITURGIAS

aos cruzados infantis de Marcel Schwob e
"Aos que vierem depois de nós"
Bertold Brecht

"Deixai vir a mim as crianças pois delas é o reino de Deus" (Lucas 18:16)

Paredes gotejam sangue
        de crianças ainda em vida
respingos rubros cegam meu olho destro
no sinistro visão de chamas do inferno
        a pálpebra está travada
        não consigo (en)cerrá-la

no universo da natureza
        leões trituram gazelas
                por fome
no mundo das gentes
        multidões de simples mortais
          mergulhadas na selvageria
           com a benção
                de profetas e sacerdotes
de todos horizontes
        dos cardeais aos pastores
            passando por mulás e rabinos
              nos sermões às tropas
                e benção dos petardos e fuzis

o pensamento desejoso — "amai-vos uns aos outros"
vocifera na política do "olho por olho, dente por dente"
                                                        na pena de talião
combustível de milhões de octanas
                        alimento da paixão divina

   em nome do Velho Novo Testamento e do Alcorão
      Abraão sócio fundador
         dos rituais desta pandemia sem cura
      adepto do mandamento
            "não matarás"
      não hesitou em acatar as ordens do seu Deus
                de imolar seu filho David do Neguev
   substituído no soar de um anjo
                pelo sangue da inadvertência de um cordeiro

   em nome de Júpiter e Vênus
      Herodes ascendente de Maquiavel
         ordenou a caçada até a morte
            de todos menores de dois anos
         para se livrar da ameaça do rival
            o menino Jesus Cristo

   em nome do Sol e da Lua
         o alto clero
     fantasiado com paramentos
         de ouro e prata
   nos altares de sacrifícios
         cuspia crianças
  nas crateras com cachecol de neve

em nome da Santa Trindade
   na falta de adultos mercenários
      ceifados nas lutas contra os infiéis
  recrutamento na marra
      nos rebotalhos dos campos e cidades cristãs
    para morrer na Cruzada das Crianças
    indulgências para quem?

em nome da caça
   ao ouro
      Pizzaro e Cortez
        à frente de clérigos de preto
          brandindo a cruz da conquista
    cobraram sua quota no além
      para emigração forçada
        de almas infantis

em nome do lucro
   navios negreiros
      cargas de escravos para fazendeiros
   crianças já nascidas ou nos ventres
      arrancadas de úteros e seios
        leite para amamentar
          crianças lusas
              batizadas em solo brasileiro

em nome da civilização dos britânicos
   nos pampas do Paraguai
      morticínio de guerreiros infantes
                  tupis-guaranis
      por milícias católicas sob comando
        do consorte da Princesa Izabel

em nome da escuridão do Valhala
　　na Floresta Negra
　　　　heróis SS empunhando cruzes gamadas
　　　　　　ao som do "crepúsculo dos deuses"
　　espetam sorrisos nas crianças
　　　　ainda em vida
　　　　pesquisam estertores ao microscópio
　　　　　　para grelhar nas fornadas
　　　　　　　　　　das fornalhas

em nome de Allah Brahma e Buda
　　no palco guerreiro
　　　　da Índia e Paquistão
　　　　　　　budismo hinduísmo e islamismo
　　massacram crianças ao léu
　　　　na rotina
　　　　　　do dia a dia

em nome de Moisés e Maomé
　　Jehová e Allah matam Allah e Jehová
　　　　na pessoa das crianças
　　　　　　alvos de bombas abençoadas
　　　　por israelenses e por palestinos
　　　　　　ostentando a estrela de David
　　　e o estandarte da Jihad

em nome do escape do "vale das lágrimas"
　　　Moon gurus e companhia
　　　　　"suicidam" crianças
　　　　　aceleram sua viagem aos céus

em nome da moral e ordem
   no massacre de Waco no Texas
      pelotões de fuzilamento
         da Swat do FBI
         descendentes dos caçadores de índios e búfalos
   trucidam John and Mary
      e outras crianças davidianas
         banhadas na pia batismal

em nome do feitiço
   curandeiros de todos bordos
      em aliança com espíritos
            do bem e do mal
   dançam despachos
      para a morte de crianças
            possuídas pelo Demo

em nome da democracia
   no Vietnã
   meninas nuas no mar de lágrimas
      correm incineradas por napalm
   meninos cobertos com trapos
      sangram envenenados pela biologia

em nome de Calvino e de Torquemada
guerrilheiros celtas normandos saxões e vikings
  em Belfast brandem a mesma cruz
    nos crucifixos na lapela
  ungidos pelo sangue
    do Cristo comum
  numa mão os mandamentos
      e evangelhos
  na outra os instintos da morte
  as crianças no batismo do fogo sem água
        de riacho ou benta
    atravessam o "corredor polonês"
com alambrado de cavalheiros da "távola redonda"
              do Rei Arthur
  portando fardas máscaras escudos lanças
            pretas
desabam rojões na gurizada católica
      da Irlanda do Norte
soluços competem com berros assassinos
    walkie-talkies tampando ouvidos
carimbos de pavor na face
      olhos arregalados enfrentam esgares
do ódio protestante
  mães carregadas de amor susto e medo
    conduzem filhos e filhas à escola
              pela porta principal
em território inimigo
  jamais rebaixando-se a entrar
      pela porta dos fundos
        em território amigo

      por orgulho e fanatismo
         expondo suas proles cristãs
            ao repúdio sarcasmo e ameaças
               do cristianismo de outro time

na Índia crianças
   párias sem casta
      intocáveis
   com aval de monges em amarelo
            batucando vedas
   apodrecem em pestilência
      no lixo das sarjetas
               ou descartadas no Ganges
na África crianças negras
   olhos esbugalhados ventres inchados
         em andrajos de sacaria
   fetos da colonização cristã e do Islã
   e das lutas entre cultos tribais
      mortos pelo micróbio da fome
            e pelos vírus de diversas cepas
   pelos mares afora
      navios fantasmas
         carregam crianças
   refugiadas em nome da religião
                     ou não
      morrem de sede
               diluem-se afogadas

em nome da limpeza étnico-religiosa
на Iugoslávia e demais escolas
públicas e privadas deste mundo
genocídio de crianças
alvas ou não

em nome da perversão das racionalizações
ablação em meninas muçulmanas
na militância contra o prazer
carícias da circuncisão sanitária
prepúcio numa mão
na outra o livro santo
recém-nascidos argentinos
em maternidades da tortura
mercadoria de adoção
nos canaviais e nas minas de carvão
crianças escravas da tuberculose
lotam os cofres da livre iniciativa

em nome da liberação dos sentidos
turismo e escravidão sexual
apodrecem crianças
nos lupanares e bordéis do planeta
o tráfico de menores
provê a sobrevivência de famílias
em extinção

em nome da vingança
   pelas fogueiras de Londres
    e pelos kamikases do imperador
     balés de bombardeiros à la *Apocalipse Now*
      e solos de destruição global
     semeiam átomos fissionados e vendavais de fogo
      dizimam crianças
    brancas e amarelas nos infernos de Dresden Hamburgo
       Hiroshima Nagasaqui e Tóquio

em nome da ganância
   nas favelas da pátria brasilienses
    infantes na puberdade
   laçados para o tráfico de drogas
    com expectativa de apenas
      mais doze meses de vida
     no primário incompleto
      no Jardim de Infância
        da Cidade de Deus

em nome da cegueira da fé
   na longa novela global das oito
    balas e bombas não têm religião
     mutilam ou matam
      zumbis do futuro
        ou cadáveres na vala comum

em nome da fome de territórios
crianças em Jerusalém e Gaza
nos sofrimentos da teoria na prática
    da retaliação
      na guerra entre irmãos semitas
o cinismo no uso tático do Talmud e Sharia
  nas lamentações no muro e preces na pedra da Caaba
mães judias "ignoram" a morte de crianças
    de Sahbra e Chatila
mães palestinas ululam com a língua
    "aceitam" a morte
      de crianças infiéis
    estimulam seus filhos fiéis
      portadores de estilingues
        para os sacrifícios
          das batalhas da fé

em nome da devoção
  dor no horror do terror
    portadores de passaportes e vistos em ordem
        para adentrar o paraíso
  mercenários na velha e nova
    guerra santa
        entre a íntegra dos fundamentos
          da religião
      e os fundamentos da ideologia
        do capital

em nome da caça aos "responsáveis"
  crianças soçobram num mar de chamas
    só no Afeganistão
      quinhentos mil órfãos mutilados
        pés decepados por minas
          plantadas ou esquecidas
    os demais na expectativa

em nome da liberdade e hegemonia
  os caciques "irmãos" do norte
      declaram batalha final
  contratam assassinos profissionais
      para limpar seu império
  de terroristas indesejáveis
    na economia de mercado

em nome da "real politik" e do fanatismo
  são tantas tantas crianças
      no abstrato e no concreto
  mutiladas e mortas
    a mente não acompanha
            o choro cega
  leva ao crime da catarsis
    acomodamento
      e da omissão

em nome de mil pretextos
  crianças privilegiadas
      com "carinhos"
  de adultos "bem-intencionados"
          que povoam o inferno

em nome da gula animal dos seres humanos
a invenção de Deus pelos homens
     na tentativa de anular a morte
       não transporta crianças ao Paraíso
         mas condena-as ao fogo eterno
suas fisionomias síntese
   das desgraças
    de todos séculos e geografias
     deste nosso astro
      que incautos tiveram a duvidosa idéia
              de povoar
bons tempos da corte do Olympo
  Zeus e seus deuses
     pelo menos também sofriam
       com sua paixão humana
    refugiavam-se nos mitos
      e matavam crianças
         sem invocar a paixão divina
na ordem do dia
  redação de uma cartilha
     de procedimentos
   para as guerras entre crianças
       no porvir

em nome não sei do quê
  levei um tempo
    para acordar de vez
      com o horror destes pastos
        infestados com os instintos da Besta
     ignoro a quem pedir perdão pelo meu atraso

aos que já foram consumidos pelos vermes?

angústia tormento luto e desespero
divagar sobre o horizonte das crianças
meus netos
na viagem
dos lagos de crianças do "ideal"
até as tormentas das crianças do real

resta o impossível
regredir à infância
das crianças de rua
saltar do meu colchão de molas
refrescado pelo ar-condicionado
dormir no colchão de pedras
molhadas pela chuva
compartilhar o sangue
que asperge
a fertilidade crueldade futilidade
da exploração tortura morte
das crianças de todo mundo

RESTA O QUÊ?
FIM!

EPÍLOGO

Quem entrar voando pela janela
aberta
se partir, tranque a porta
fechada
sem olhar para trás

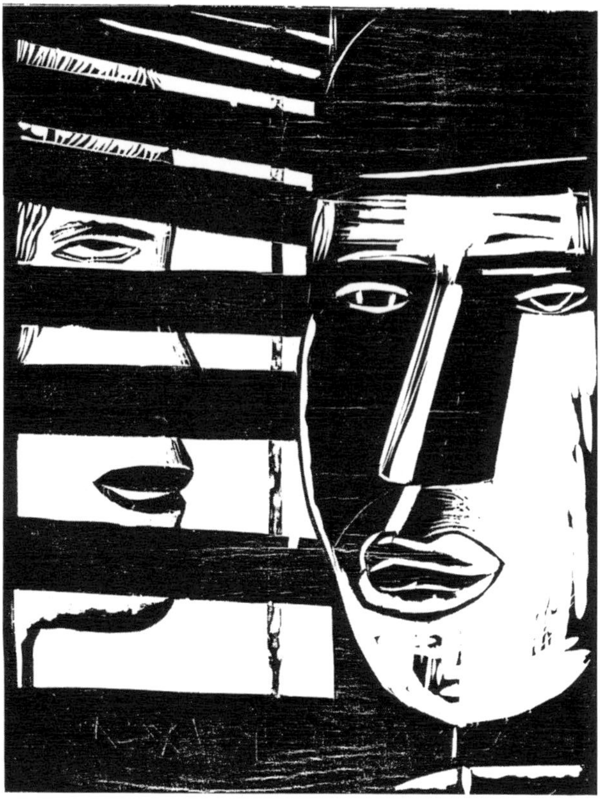